RECURSO BILINGÜE
1

CONOCIENDO NUESTRA
FE CATÓLICA

CREENCIAS Y TRADICIONES

KNOWING OUR CATHOLIC FAITH
BELIEFS AND TRADITIONS

LOYOLAPRESS.
UN MINISTERIO JESUITA

A JESUIT MINISTRY

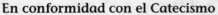

En conformidad con el Catecismo

El Subcomité para el Catecismo de la Conferencia de Obispos Católicos de los Estados Unidos, consideró que el contenido doctrinal de este manual, copyright 2011, está en conformidad con el *Catecismo de la Iglesia Católica*.

Found to be in conformity

The Subcommittee on the Catechism, United States Conference of Catholic Bishops, has found the doctrinal content of this manual, copyright 2011, to be in conformity with the *Catechism of the Catholic Church*.

Conforme al canon 827 del Código de Derecho Canónico, Reverendo John F. Canary, Vicario General de la Arquidiócesis de Chicago, ha otorgado, en el día de la fecha 6 de enero del 2010, aprobación para la publicación. La aprobación para la publicación es una declaración oficial de la autoridad eclesiástica, la cual establece que el material en cuestión carece de errores morales o doctrinales. De lo establecido no se infiere que quienes han otorgado la aprobación están de acuerdo con el contenido, opiniones o expresiones vertidas en el trabajo ni asumen responsabilidad legal alguna relacionada con la publicación.

In accordance with c. 827, permission to publish is granted on January 6, 2010 by Very Reverend John F. Canary, Vicar General of the Archdiocese of Chicago. Permission to publish is an official declaration of ecclesiastical authority that the material is free from doctrinal and moral error. No legal responsibility is assumed by the grant of this permission.

Las citas bíblicas corresponden a *La Biblia de nuestro pueblo* © 2006 Pastoral Bible Foundation y © Ediciones Mensajero. Todos los derechos reservados.

The Scripture quotations contained herein are from the *New Revised Standard Version Bible*, copyright ©1989 by the Division of Christian Education of the National Council of the Churches of Christ in the U.S.A., and are used by permission. All rights reserved.

Ilustración de la portada/Cover art: Jill Arena

Diseño de portada/Cover design: Judine O'Shea, Loyola Press

Diseño interior/Interior design: Think Book Works

Traductor/Translator: Santiago Cortés-Sjöberg, Loyola Press

Consultores bilingües/Bilingual consultants: Miguel Arias, Luis Ramírez, Patricia Tapia, Loyola Press

Consultores del programa/Program consultants: Mary K. Yager; Sr. Kathryn Ann Connelly, SC; Most Rev. Sylvester D. Ryan, DD; Rev. Richard Walsh; Jacquelyne M. Witter

ISBN 13: 978-0-8294-2899-5
ISBN 10: 0-8294-2899-2

LOYOLAPRESS.
A JESUIT MINISTRY

3441 N. Ashland Avenue
Chicago, Illinois 60657
(800) 621-1008
www.loyolapress.com

Impreso en los Estados Unidos de América/Printed in the United States of America.

15 16 17 18 19 20 21 Web 10 9 8 7 6 5 4 3 2

CONOCIENDO NUESTRA
FE CATÓLICA
CREENCIAS Y TRADICIONES

KNOWING OUR
CATHOLIC FAITH
BELIEFS AND TRADITIONS

Autora/Author
Peg Bowman

Editor bilingüe/Bilingual Editor
Santiago Cortés-Sjöberg

LOYOLA PRESS.
UN MINISTERIO JESUITA
A JESUIT MINISTRY

Yo soy un niño/niña católico.

_____

- -

Me llamo _____ .

Este libro te ayudará a aprender acerca de la fe católica.

Aprenderás las creencias católicas.

Aprenderás las tradiciones católicas.

I am a Catholic child.

_____

My name is _____ .

This book will help you learn about the Catholic faith.

You will learn about Catholic beliefs.

You will learn about Catholic traditions.

Índice

Contents

Section Three

Section Four

Querido Dios:

al abrir este libro
me acuerdo lo mucho que me quieres.

Yo también te quiero.

Quiero ser tu amigo y conocerte mejor.

Ayúdame.

Ayuda también a mi familia, amigos y
a todo el mundo.

Haré todo lo que pueda para ser tu
buen amigo.

Amén.

Dear God,

as I open this book
I remember how much you love me.

I also love you.

I want to be your friend and learn about you.

Help me, my family, my friends,
and all the world.

I will do my best to be your
good friend.

Amen.

Nuestras creencias católicas

¿Quién es Dios?

¿Qué creemos los católicos acerca de Dios?

En esta sección aprenderás acerca de Dios Padre, de Dios Hijo y del Espíritu Santo.

Aprenderás acerca de María, la madre de Jesús, y de los ángeles.

5

Section One

Our Catholic Beliefs

Who is God?

What do Catholics believe about God?

In this section, you will learn about God the Father, God the Son, and the Holy Spirit.

You will learn about Mary,
the mother of Jesus,
and the angels.

5

Conociendo a Dios

No podemos ver a Dios, pero podemos ver el mundo que Dios ha creado.

No podemos oír a Dios, pero podemos sentir su amor.

Dios está siempre con nosotros.

Dios nos ama.

> **Conoce nuestra fe católica**
>
> Creemos en un solo Dios.

Coming to Know God

We cannot see God, but we can see God's world.

We cannot hear God, but we can feel his love.

God is always with us.

God loves us.

▶ **Know Our Catholic Belief**
I believe in God.

Dios me ama

Haz un dibujo de ti mismo. Coloréalo.

Después, colorea las palabras.

Dios me ama

God Loves Me

Draw a picture of yourself. Color it.

Then color the words.

Dios es tres-en-uno

Existe un solo Dios.

Hay tres Personas en un solo Dios:

El **Padre** es Dios.
El **Hijo** es Dios.
El **Espíritu Santo** es Dios.

Tres Personas. . . ¡pero un solo Dios!

Llamamos **Santísima Trinidad** a las tres Personas en un solo Dios.

Padre
Hijo
Espíritu Santo

> ## Conoce nuestra tradición católica
>
> San Patricio quería enseñar a los demás acerca del único Dios. Mostraba a la gente un trébol y les decía: "Dios es tres Personas —Padre, Hijo y Espíritu Santo— en un solo Dios, como un trébol".

God Is Three-in-One

There is one God.

There are three Persons in one God.

> The **Father** is God.
> The **Son** is God.
> The **Holy Spirit** is God.

Three Persons—but only one God!

We call the three Persons in one God
the **Holy Trinity.**

Know Our Catholic Tradition

Saint Patrick wanted to teach about one true God.
He showed people a shamrock and said, "God is one in three
persons—Father, Son, and Holy Spirit—like the shamrock."

Oramos

Oramos al trazar la señal de la cruz.

Nos tocamos la frente, el pecho y los hombros mientras decimos:

"En el nombre del Padre,

y del Hijo,

y del Espíritu Santo.

Amén".

We Pray

We pray the Sign of the Cross.

We touch forehead, chest, and shoulders as we say,

"In the name of the Father,

and of the Son,

and of the Holy Spirit,

Amen."

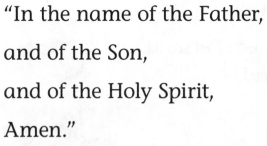

4

5

Dios, nuestro Padre

Dios nos demuestra que es nuestro Padre:

Dios nos da la vida.

Dios nos ama.

Dios cuida de nosotros.

Dios Padre es la Primera Persona de la Santísima Trinidad.

> **Conoce nuestra fe católica**
>
> Creemos en Dios, Padre todopoderoso.

God Our Father

God shows us that he is our Father:

He gives us life.
He loves us.
He takes care of us.

God the Father is the First
Person in the Holy Trinity.

Know Our Catholic Belief

I believe in God, the Father almighty.

Padre nuestro

Colorea de azul las áreas marcadas con el ✱.

Lee las palabras.

Después, colorea el resto del dibujo.

Our Father

Color all the spaces with the ✱ blue.
Read the words.
Now color the rest of the picture.

Jesús, el Hijo de Dios

Dios, nuestro Padre, nos envió a su Hijo, Jesús.

Jesús es el **Hijo de Dios.**

Nació como un bebé.

Creció en una familia.

Jesús creció y se hizo un hombre adulto.

Murió en la cruz por nosotros.

Jesús también es Dios.

Jesús es la Segunda Persona de la Santísima Trinidad.

> **Conoce nuestra fe católica**
>
> Creemos en un solo Señor, **Jesucristo,** Hijo único de Dios.

Jesus, the Son of God

God our Father sent us his Son, Jesus.

Jesus is the **Son of God.**

He was born as a little baby.

He grew up in a family.

Jesus grew up to be a man.

He died on the cross for us.

He is also God.

He is the Second Person in the Holy Trinity.

► **Know Our Catholic Belief**
I believe in **Jesus Christ,** his only Son, our Lord.

12

Jesús quiere a los niños

A Jesús le gustaba acercarse a los niños y contarles historias.

Colorea el dibujo de estas dos páginas.

Dibuja las caras de los niños que faltan.

En el espacio en blanco, dibújate a ti mismo escuchando a Jesús.

Jesus Loves Children

Jesus liked to talk to children and to tell them stories.

Color the picture in these two pages.

Give faces to any children who do not have faces.

In the empty space, draw a picture of yourself listening to Jesus.

El Espíritu Santo

El **Espíritu Santo** es Dios.

El Espíritu Santo nos ayuda a aprender.

El Espíritu Santo nos ayuda a amar a los demás y a hacer lo correcto.

El Espíritu Santo es la Tercera Persona de la Santísima Trinidad.

¿Te acuerdas?

Hay tres Personas en un solo Dios.

> La Primera Persona es Dios Padre.
> La Segunda Persona es Dios Hijo.
> La Tercera Persona es Dios Espíritu Santo.

Conoce nuestra fe católica

Creemos en el Espíritu Santo.

The Holy Spirit

The **Holy Spirit** is God.

The Holy Spirit helps us learn.

The Holy Spirit helps us love others and to do the right thing.

The Holy Spirit is the Third Person in the Holy Trinity.

Do you remember?

There are three Persons in one God.

The First Person is God the Father.
The Second Person is God the Son.
The Third Person is God the Holy Spirit.

Know Our Catholic Belief
I believe in the Holy Spirit.

El Espíritu Santo nos ayuda

El Espíritu Santo te ayuda a aprender.

Dibújate a ti mismo aprendiendo algo nuevo.

El Espíritu Santo te ayuda a amar a los demás.

Dibújate a ti mismo haciendo algo por alguien y demostrando así que lo amas.

El Espíritu Santo te ayuda a hacer lo correcto.

Dibújate a ti mismo haciendo algo correcto.

The Holy Spirit Helps Us

The Holy Spirit helps you learn.

Draw a picture of yourself learning something new.

The Holy Spirit helps you love others.

Draw a picture of yourself showing love by helping someone.

The Holy Spirit helps you to do the right thing.

Draw a picture of yourself doing what is right.

15

La creación

Dios, nuestro Padre, creó el mundo y todo lo que existe en el mundo.

Dios dijo: "Que exista la luz". Y la luz existió.

Dios creó todas las plantas y flores.

Dios creó todos los animales.

Dios creó a las primeras personas.

Dios vio que todo lo que había creado era bueno.

Dios dijo que era "¡Muy bueno!".

> **Conoce nuestra fe católica**
>
> Creemos en Dios, Padre todopoderoso, **creador** del cielo y de la tierra.

Creation

God our Father made the world and all that is in the world.

God said, "Let there be light." And there was light.

God made all the plants and flowers.

God made all the animals.

God made the first people.

God saw that all he had made was good.

God said, "Very good!"

> ## ▶ Know Our Catholic Belief
>
> I believe in God, the Father almighty, **Creator** of heaven and earth.

Dios lo creó todo

En el dibujo de estas dos páginas hay escondidas seis cosas que creó Dios.

Traza un círculo alrededor del perro, la flor, el pájaro, el pescado, la estrella y la luna. Después, colorea el dibujo.

God Made Them All

Six things that God made are hidden in the picture below.

Circle the dog, flower, bird, fish, star, and moon. Then color the picture.

17

Lección 7

La creación y nosotros

Dios les dijo a Adán y Eva: "Cuiden el mundo".

Dios nos pide que nosotros también cuidemos el mundo.

Adán dio nombres a las plantas y a los animales.

¿Conoces los nombres de algunas plantas y animales?

¿Cómo puedes cuidarlos?

> **Conoce nuestra tradición católica**
>
> San Francisco era un hombre santo.
> Enseñaba a la gente a cómo ser hijos de Dios.
> San Francisco quería a los animales.
> Les hablaba y los cuidaba.

Creation and Us

God told Adam and Eve, "Take care of the world."

God tells us to take care of the world, too.

Adam gave the plants and animals their names.

Do you know the names of any plants and animals?

How can you take care of them?

▶ **Know Our Catholic Tradition**

Saint Francis was a holy man.
He showed people how to live as children of God.
Saint Francis loved animals.
He talked to them and took care of them.

Cuidamos las cosas

Traza una línea que una cada objeto con algo que puedes hacer para demostrar que cuidas de él.

We Care

Match each object below with something you can do to show you care.

Jesús murió y resucitó

La gente se acercaba a escuchar las historias que contaba Jesús.

Jesús decía a la gente que Dios, nuestro Padre, cuida de nosotros.

Jesús curaba a los enfermos.

Jesús es el Hijo de Dios y por eso los podía ayudar.

Jesús dio su vida por nosotros.

Jesús murió en la cruz.

Jesús resucitó de entre los muertos para que nosotros también podamos vivir.

Conoce nuestra fe católica

Sabemos que Jesús murió y resucitó de entre los muertos.

Llamamos **Resurrección** a cuando Jesús resucitó de entre los muertos.

Jesus Died and Rose Again

People came to hear Jesus tell stories.

He told people that God our Father watches over us.

Jesus healed people who were sick.

He is the Son of God, so he could help them.

Then Jesus gave his life for us.

He died on the cross.

He rose from the dead so that we, too, could live.

▶ **Know Our Catholic Belief**

We know that Jesus died and rose from the dead.

We call his rising the **Resurrection**.

20

La cruz

Colorea de color café los espacios con una ☆.

¿Qué dibujo apareció?

A continuación, colorea el resto del dibujo.

The Cross

Color all the spaces with a ☆ brown.

What did you make?

Now color the rest of the picture.

La Virgen María

María era muy buena y feliz.

María amaba a Dios con todo su corazón.

Un día Dios envió un ángel a María para que le preguntara: "¿Quieres ser la madre de Jesús?"

María sabía que eso no iba a ser algo fácil.

Pero ella respondió: "¡Sí! Haré lo que me pide Dios. Seré la madre de Jesús".

María es la madre de Jesús.

María también es nuestra madre.

> ## Conoce nuestra tradición católica
>
> Oramos: "Dios te salve, María, llena eres de gracia; el Señor es contigo".

Mary

Mary was very good and very happy.

She loved God with all her heart.

One day God sent an angel to ask Mary, "Will you be the mother of Jesus?"

Mary knew it would not be easy.

But she said, "Yes! I will do what God asks. I will be Jesus' mother."

Mary is the mother of Jesus.

She is our mother, too.

▶ Know Our Catholic Tradition

We pray, "Hail Mary, full of grace, the Lord is with you."

Jesús y María

Conecta los puntos trazando una línea de punto en punto, en el orden de los números.

Comienza por el punto número 1.

Después, colorea el dibujo de Jesús y de su madre, María.

Jesus and Mary

Connect the dots by drawing a line from one number to the next.

Start with the dot marked 1.

Then color the picture of Jesus and his mother, Mary.

Lección 10

Los ángeles

Dios creó a los **ángeles** para que vivieran con él en el cielo.

Los ángeles aman mucho a Dios.

Alaban y dan gracias a Dios.

Dios nos da a cada uno de nosotros un **ángel de la guarda.**

Nuestro ángel de la guarda nos protege.

Los ángeles nos ayudan a orar.

Los ángeles nos protegen.

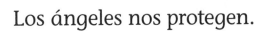

Conoce nuestra tradición católica

Oramos:
   Ángel de mi guarda, mi dulce compañía,
   no me desampares ni de noche ni de día.
   Llévame por buen camino
   y haz que me bendiga el Padre, el Hijo
   y el Espíritu Santo. Amén.

Angels

God made **angels** to live with him in heaven.

Angels love God very much.

They praise and thank God.

God gives each of us a **guardian angel.**

Our guardian angels watch over us.

Angels help us pray.

They keep us safe.

Know Our Catholic Tradition

We pray,
   Angel of God, my guardian dear,
   To whom God's love entrusts me here,
   Ever this day be at my side,
   To light and guard, to rule and guide. Amen.

Los ángeles nos ayudan

Sigue el camino del dibujo por las dos páginas.

Cuando llegues a cada niño o niña, di cómo
le puede ayudar su ángel de la guarda.

Dibuja a los ángeles de la guarda y colorea
cada dibujo.

Angels to Help Us

Follow the path below across the two pages.

At each stop on the path, tell how a guardian angel can help.

Draw guardian angels and color each picture.

Repaso

Completa cada frase con la palabra o palabras del recuadro.

María   Santísima Trinidad   mundo

Jesús   amar a los demás

1. Las tres Personas en un solo Dios es la _____ .
   _____

2. El Hijo de Dios es _____ .
   _____

3. La Madre de Dios es _____ .
   _____

4. El Espíritu Santo nos ayuda a _____ .
   _____

5. Dios Padre creó el _____ .
   _____

Review

Complete each sentence with a word or words from the box.

> **Mary**   **Trinity**   **world**
>
> **Jesus**   **love others**

1. We call the three persons in one God the Holy _____ .

2. The Son of God is _____ .

3. The Mother of God is _____ .

4. The Holy Spirit helps us to _____ .

5. God the Father made the _____ .

Nuestras celebraciones católicas

¿Qué hacemos los católicos cuando vamos
a la iglesia?

¿Qué celebramos?

¿Cómo alabamos a Dios?

Aprenderás acerca de los sacramentos
del Bautismo y de la Eucaristía.

Aprenderás acerca de las
acciones y objetos especiales
de la Iglesia.

Our Catholic Celebrations

What do Catholics do when we go to church?

How do we celebrate?

How do we worship God?

You will learn about the sacraments of Baptism and Eucharist.

You will learn about special church actions and objects.

Los siete sacramentos

Jesús nos dio siete maneras especiales para acercarnos más a Dios.

Son los siete **sacramentos:**

- Bautismo
- Confirmación
- Eucaristía
- Reconciliación
- Unción de enfermos
- Orden sacerdotal
- Matrimonio

Cada sacramento nos da la **gracia** de Dios. Los católicos celebramos juntos los sacramentos en la iglesia.

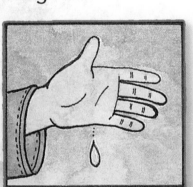

> **Conoce nuestra fe católica**
>
> Dios nos da su **gracia** a través de cada sacramento. La gracia es el don de la vida de Dios.

The Seven Sacraments

Jesus gave us seven special ways to bring us closer to God.

They are the seven **sacraments:**

- Baptism
- Confirmation
- Eucharist
- Reconciliation
- Anointing of the Sick
- Holy Orders
- Matrimony

Each sacrament gives us God's **grace.**

Catholics celebrate the sacraments together in church.

Know Our Catholic Belief

God gives us **grace** in each sacrament. Grace is the gift of God's life.

Símbolos de los sacramentos

Un símbolo es un dibujo que representa algo.

Cada uno de los símbolos de estas dos páginas representa un sacramento.

Colorea cada símbolo.

¿Sabes lo que representa cada uno de los símbolos?

Symbols of the Sacraments

A symbol is a picture that stands for something.

Each symbol in these two pages stands for a sacrament.

Color each symbol.

Do you know what sacrament it stands for?

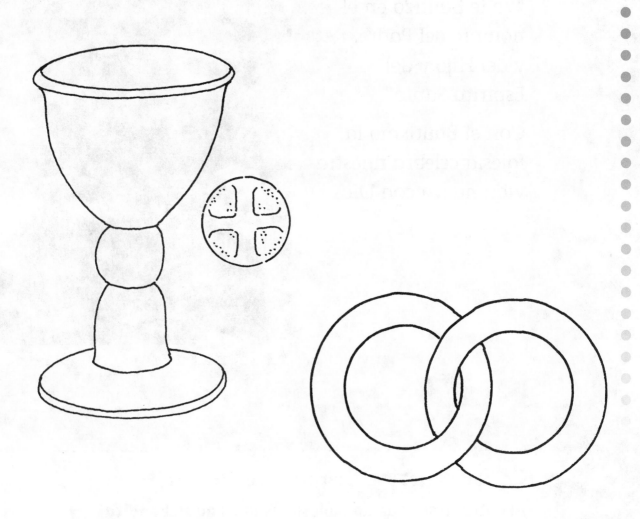

El Bautismo

El primer sacramento es el **Bautismo.**

Cuando eres bautizado, te conviertes en hijo de Dios.

Te conviertes en miembro de la Iglesia.

Un sacerdote o un diácono te bautizó con agua.

Dijo tu nombre.

Después dijo:
"Yo te bautizo en el nombre del Padre, y del Hijo y del Espíritu Santo".

Con el Bautismo la Iglesia celebra nuestra vida nueva con Dios.

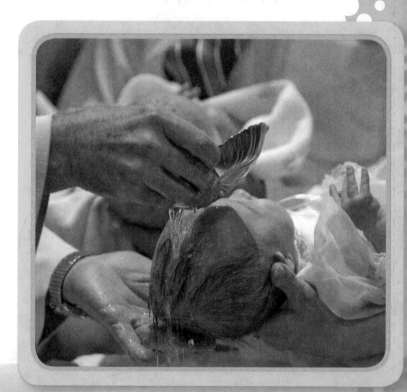

Conoce nuestra tradición católica

Al entrar y salir de una iglesia usamos **agua bendita** para hacer la señal de la cruz.
Cada vez que hacemos esto recordamos nuestro Bautismo.

Baptism

The first sacrament is **Baptism.**

When you were baptized, you became a child of God.

You became a member of the Church.

A priest or deacon baptized you with water.

He said your name.

Then he said, "I baptize you in the name of the Father, and of the Son, and of the Holy Spirit."

At Baptism, the Church celebrates our new life with God.

Know Our Catholic Tradition

We use **holy water** to make the Sign of the Cross as we enter and leave the church.
We remember our Baptism each time we do this.

Cuando me convertí en hijo o hija de Dios

Escribe en las líneas de puntos. Pide a un pariente o a un amigo adulto que te ayude con la fechas.

Después, dibuja o pega una foto de tu Bautismo.

Me llamo ....

Me convertí en miembro de mi familia el

....

....

....

(Escribe en la línea de arriba tu fecha de nacimiento o de adopción).

Me convertí en miembro de la Iglesia el

....

....

....

(Escribe en la línea de arriba la fecha de tu Bautismo).

Con mi Bautismo yo me convertí en hijo de ....

Este es un dibujo o foto de mí durante mi Bautismo.

When I Became a Child of God

Write on the lines below. Ask a family member or grown-up friend to help you with the dates.

Then paste or draw a picture of you at Baptism.

My name is _____.

I became a member of my family on

_____

_____.

(Put your birth or adoption date on the lines above.)

I became a member of the Church on

_____

_____.

(Put the date of your Baptism on the lines above.)

At Baptism, I became a child of _____.

Here is a
picture
of me at
Baptism.

La Eucaristía

La noche antes de morir Jesús nos dio el sacramento de la **Eucaristía.**

Jesús celebró su Última Cena con sus amigos.

Durante la cena Jesús tomó pan, lo bendijo y dijo: "Esto es mi cuerpo".

Jesús tomó el cáliz con vino y dijo: "Esta es mi sangre".

Jesús nos pidió que celebremos la Eucaristía para que nos acordemos de él.

La **misa** es la celebración de la Eucaristía.

> **Conoce la fe católica**
> La Eucaristía es el Cuerpo y la Sangre de Cristo que recibimos en la misa.

Eucharist

Jesus gave us the sacrament called **Eucharist** on the night before he died.

He ate his Last Supper with his friends.

At supper, Jesus took bread, blessed it, and said, "This is my Body."

He took wine and said, "This is my Blood."

Jesus told us to remember him by celebrating the Eucharist.

We celebrate the Eucharist at **Mass.**

Know Our Catholic Belief

The Eucharist is the Body and Blood of Christ whom we receive at Mass.

Recordando a Jesús

Traza las palabras para terminar las frases.

Después, colorea el dibujo.

Jesús bendijo el pan y dijo:

_____ "

"Esto es mi Cuerpo _____ .

Jesús bendijo el cáliz con el vino y dijo:

_____ "

"Esta es mi Sangre _____ .

Remembering Jesus

Trace the words to finish the sentence.

Color the picture.

Jesus blessed bread and said,

"This is my Body "

Jesus blessed a cup of wine and said,

"This is my Blood "

El sacerdote de nuestra parroquia

Cuando vamos a misa vemos a un **sacerdote.**

El sacerdote nos guía en las oraciones de la misa.

El sacerdote consagra el pan y el vino.

El pan se convierte en el Cuerpo de Jesucristo.

El vino se convierte en la Sangre de Jesucristo.

El sacerdote nos ofrece la Eucarisía, la cual es el verdadero Cuerpo y Sangre de Cristo.

Al sacerdote lo llamamos también "padre".

El padre nos enseña y nos ayuda.

Conoce nuestra tradición católica

Un hombre se hace sacerdote al recibir el sacramento del Orden sacerdotal.

Our Parish Priest

When we go to Mass, we see a **priest.**

The priest leads the prayers at Mass.

He consecrates the bread and wine.

The bread becomes the Body of Jesus Christ.

The wine becomes the Blood of Jesus Christ.

Then the priest gives us the Eucharist, which is the Body and Blood of Christ.

We call the priest "Father."

Father teaches us and helps us.

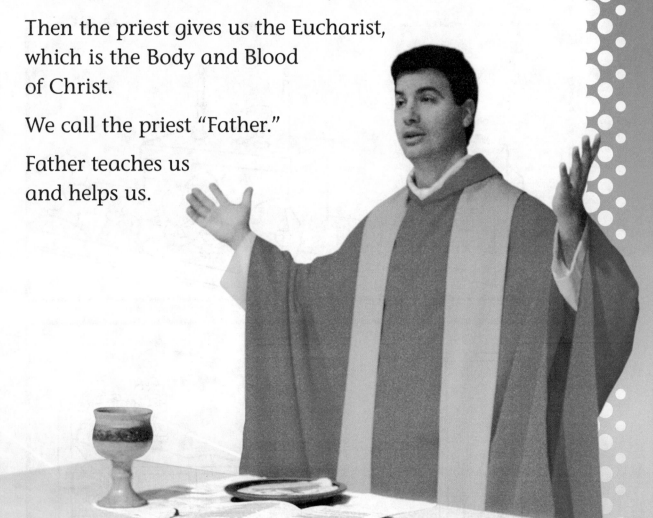

Know Our Catholic Tradition

A man becomes a priest by receiving the sacrament of Holy Orders.

Este hombre me ayuda a ser católico

La gente de los dibujos necesita a un sacerdote que los ayude.

Dibuja a un sacerdote en cada dibujo.

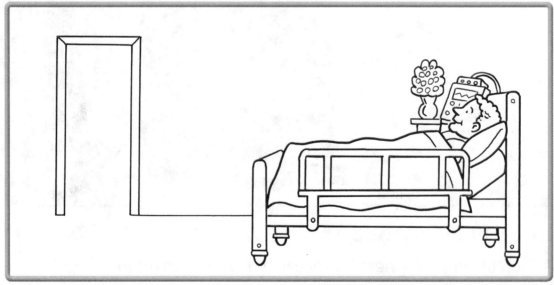

This Man Helps Me Be Catholic

The people below need a priest to help them.

Draw a priest in each picture.

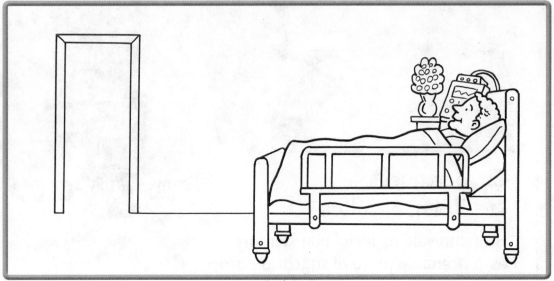

35

Objetos de la iglesia

Muchos de los objetos que hay en nuestra iglesia nos recuerdan lo que Jesús ha hecho por nosotros.

El agua bendita nos recuerda nuestro Bautismo.

Las pinturas y estatuas nos recuerdan a Jesús, a María y a otros santos.

Las velas brillan para recordarnos la luz de Cristo.

Nuestro sacerdote viste de manera especial y usa una copa llamada **cáliz.**

El pan consagrado, el Cuerpo de Cristo, se guarda en el **sagrario** o tabernáculo.

cáliz   chalice

Conoce nuestra tradición católica

Hay una vela especial que siempre está prendida junto al sagrario para recordarnos que Jesús está allí.

Church Objects

Many objects in our church building remind us of what Jesus has done for us.

Holy water reminds us of our Baptism.

Pictures and statues remind us of Jesus, Mary, and other holy people.

Candles shine brightly to remind us of the light of Christ.

Our priest wears special clothes and uses a special cup called a **chalice.**

The consecrated bread, the Body of Christ, is kept in a **tabernacle.**

sagrario

tabernacle

Know Our Catholic Tradition

One special candle is always lit next to the tabernacle to remind us that Jesus is there.

Los objetos que veo en la iglesia

Observa el dibujo.

Encuentra los objeto de la iglesia y coloréalos.

Visita tu propia parroquia.

Pide a alguien que te ayude a encontrar allí los objetos que has estudiado.

Objects I See at Church

Look at the picture below.

Find the church objects and color them.

Visit your own parish church.

Have someone help you find the objects you have studied.

Lo que hacemos en la iglesia

¿Qué es lo que hacemos cuando vamos a nuestra iglesia?

Sabemos que es un lugar especial.

¡Jesús está allí en la Eucaristía!

Cuando entramos en la iglesia nos trazamos la señal de la cruz con agua bendita.

Hacemos una **genuflexión** doblando una rodilla hacia el suelo.

Nos arrodillamos, juntamos las manos y oramos.

Nos sentamos en silencio y escuchamos.

Cantamos canciones.

Durante la Señal de la Paz damos educadamente la mano a los demás.

Conoce nuestra tradición católica

Al llegar la Señal de la Paz el sacerdote dice: "Que la paz del Señor esté con todos ustedes". Y nosotros respondemos: "Y con tu espíritu".

Church Actions

What do we do when we go to our church building?

We know it is a special place.

Jesus is there in the Eucharist!

When we enter, we make
the Sign of the Cross
with holy water.

We **genuflect** by dropping
to one knee.

We kneel, fold our hands,
and pray.

We sit quietly and listen.

We sing songs.

At the Sign of Peace,
we shake hands politely.

▶ Know Our Catholic Tradition

At the Sign of Peace, the priest says, "The peace of the Lord be with you always." We say, "And with your spirit."

Lo que hago en la iglesia

Resuelve el crucigrama.

Usa las palabras del recuadro.

mano	cantar	sentamos

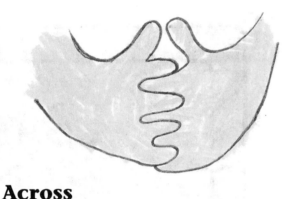

Down

1. Entonar música con nuestras voces.

Across

2. Nos _____ en silencio y escuchamos.

3. Damos la _____ a los demás educadamente.

What I Do in Church

Solve the puzzle.

Use the words in the box.

hands   sing   sit

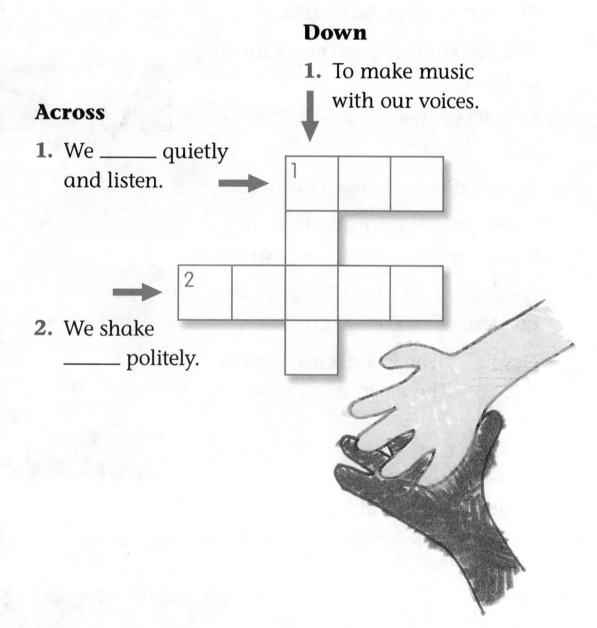

Down

1. To make music with our voices.

Across

1. We _____ quietly and listen.

2. We shake _____ politely.

39

Los tiempos de la Iglesia

Cada sábado o domingo los católicos se reúnen para celebrar la misa.

A lo largo del año celebramos períodos de tiempos especiales.

Primero viene el **Adviento.**

Nos preparamos para el nacimiento de Jesús.

El siguiente tiempo especial es la **Navidad.**

La Navidad es el día en que nació Jesús.

Cada primavera celebramos un tiempo especial llamado **Cuaresma.**

Durante la Cuaresma recordamos que Jesús murió en la cruz.

Después viene la **Pascua,** cuando Jesús resucitó de entre los muertos.

> **Conoce la tradición católica**
>
> Los católicos oramos: "Por tu cruz y Resurrección nos has salvado, Señor".

Church Seasons

Every Saturday or Sunday, Catholics gather to celebrate the Mass.

We celebrate special seasons of the year.

First comes **Advent.**

We get ready for Jesus' birthday.

The next special season is **Christmas.**

Christmas is Jesus' birthday.

Each spring, we have a special season called **Lent.**

In Lent, we remember that Jesus died on the cross.

Then comes **Easter,** when Jesus rose from the dead.

Know Our Catholic Tradition

Catholics pray, "Save us, Savior of the world, for by your Cross and Resurrection you have set us free."

Ilustrando los tiempos de la Iglesia

Mira cada foto. ¿Qué tiempo representa?

Escribe el nombre del tiempo debajo de cada foto.

| Adviento | Navidad |
| Cuaresma | Pascua |

1. _____

2. _____

3. _____

4. _____

Picturing the Church Seasons

Look at each picture. Which Church season does it show?

Advent   Christmas
Lent   Easter

Write the name of the season on the blank line below each picture.

1. _____

2. _____

3. _____

4. _____

41

Repaso

Completa cada frase con la palabra o palabras del recuadro.

Eucaristía   vino

sacramentos   Bautismo   gracia

1. Hay siete _____ .

2. Cada sacramento nos da la vida de Dios. Este don se llama _____ .

3. Me convertí en hijo o hija de Dios al recibir mi _____ .

4. Jesús bendijo el cáliz lleno de _____ y dijo: "Esta es mi sangre".

5. Recibimos el Cuerpo y la Sangre de Jesucristo en el sacramento de la _____ .

Review

Complete each sentence with a word from
the box.

| Eucharist | wine |
| sacraments | Baptism | grace |

1. There are seven _____ .

2. Each sacrament gives us God's life. This gift
   is called _____ .

3. I became a child of God at _____ .

4. Jesus blessed a cup of _____ and said,
   "This is my Blood."

5. We receive Jesus Christ's Body and Blood in the
   sacrament called _____ .

Vivimos nuestra vida en Cristo

¿Cómo vivimos nuestra fe los católicos?

¿Cómo sabemos lo que está correcto?

¿Cómo amamos a Dios?

¿Cómo amamos a las personas que nos rodean?

Aprenderás acerca de las leyes de Dios.

Aprenderás acerca de cómo Dios quiere que vivamos.

We Live Our Life in Christ

How do we Catholics live our faith?

How do we know what is right?

How do we love God?

How do we love the people around us?

You will learn about God's laws.

You will learn how God wants us to live.

Mi familia católica

Soy miembro de una familia católica.

Creemos en un solo Dios.

Creemos en la Santísima Trinidad: tres personas en un solo Dios.

Oramos juntos.

Vamos a **misa** juntos.

Mi familia me enseña acerca de Dios y a cómo amar.

Mi familia me enseña a cómo rezar y ser bueno.

¿Qué más te enseña tu familia?

> **Conoce nuestra tradición católica**
>
> Jesús también se crió en una familia. Jesús, su madre, María, y su padre adoptivo, José, forman la **Sagrada Familia**.

My Catholic Family

I am a member of a Catholic family.

We believe in one God.

We believe in the Holy Trinity—three persons in one God.

We pray together.

We go to **Mass** together.

My family teaches me about God and how to love.

My family teaches me how to pray and how to be good.

What else does your family teach you?

▶ **Know Our Catholic Tradition**

Jesus grew up in a family too. Jesus, his mother, Mary, and his foster father, Joseph, are the **Holy Family**.

Mi familia católica

Algunas familias son muy grandes.

Otras son pequeñas.

Todas las familias son diferentes.

¡Dios las ama a todas!

Haz un dibujo de tu familia.

Debajo de cada persona escribe su nombre.

My Catholic Family

Some families are large.

Some families are small.

All families are different.

God loves them all!

Draw a picture of your family.

Write each person's name under his or her picture.

45

Amar a Dios y a los demás

Jesús nos enseñó a cómo vivir como hijos e hijas de Dios.

Jesús nos dio dos Mandamientos Principales.

El Primer Mandamiento dice: Ama a Dios con todo tu corazón, con toda tu alma, con toda tu mente y todo tu ser.

El Segundo Mandamiento dice: Ama a los demás como tú te amas a ti mismo.

Hay muchas maneras de amar a Dios, a los demás y a ti mismo.

¿Cómo lo puedes hacer?

> ### Conoce nuestra fe católica
>
> Tenemos diez mandamientos más que nos ayudan a cumplir los dos Mandamientos Principales. Esos otros mandamientos se llaman los **Diez Mandamientos**.

Loving God and Others

Jesus taught us how to live as God's children.

Jesus gave us two Great Commandments.

The First Commandment says, Love God with all your heart, soul, mind, and strength.

The Second Commandment says, Love other people as you love yourself.

There are many ways to love God, other people, and yourself.

Can you think of some?

▶ Know Our Catholic Belief

We have ten more commandments to help us keep the two Great Commandments. These are called the **Ten Commandments**.

Cumpliendo las leyes
del amor de Dios

Algunos de los niños del dibujo están cumpliendo los dos Mandamientos Principales del amor que nos ha dado Dios.

Otros niños no lo están haciendo.

Colorea a los niños que están demostrando su amor por Dios y por los demás.

Prepárate para explicar por qué elegiste a esos niños.

Following God's Laws of Love

Some of the children in the picture below are following God's two Great Commandments of love.

Others are not.

Color each child who is showing love for God and other people.

Be ready to explain your choices.

El domingo, el día especial de Dios

Dios nos dio los Diez Mandamientos.

El Tercer Mandamiento nos dice que nos acordemos que el **domingo** es el día especial de Dios.

Al domingo también lo llamamos el Día del Señor.

Jesús resucitó de entre los muertos un domingo por la mañana.

Por eso es que cada domingo es un día especial para nosotros.

Los católicos vamos a la iglesia de nuestra parroquia y celebramos la misa todos los sábados por la noche o los domingos.

Intentamos hacer del domingo un día especial.

¿Qué hace tu familia para que el domingo sea un día especial?

Conoce nuestra fe católica

El Tercer Mandamiento dice: santificarás las fiestas.

Sunday, God's Special Day

God gave us Ten Commandments.

The Third Commandment tells us to remember that **Sunday** is God's special day.

We call Sunday the Lord's Day.

On a Sunday morning, Jesus rose from the dead.

That is why every Sunday is special to us.

Catholics go to their parish church and celebrate Mass every Saturday evening or Sunday.

We try to make Sunday a special day.

What does your family do to make Sunday special?

> **Know Our Catholic Belief**
> The Third Commandment says,
> Remember to keep holy the Lord's Day.

Hacer del domingo
un día especial

¡El domingo es el Día del Señor! Haz que sea un día especial.

Haz dibujos que representen cada una de las frases.

Los domingos celebramos la misa.

Cada domingo comemos juntos como familia.

A veces los domingos vamos a algún lugar especial.

A mi familia le gusta hacer algo especial los domingos.

Making Sunday Special

Sunday is the Lord's Day! Make it special.

Draw pictures for each sentence.

We celebrate Mass on Sunday.

We eat Sunday dinner as a family.

Sometimes we take special trips on Sunday.

My family likes to do something special on Sunday.

Amamos a nuestros padres y madres

El Cuarto Mandamiento nos dice que amemos a nuestros padres y los **obedezcamos.**

Obedecemos a nuestros padres cuando hacemos lo que nos piden.

Demostramos que los amamos cuando obedecemos sonriendo.

Cuando amamos y obedecemos, hacemos que nuestro hogar sea un lugar feliz.

A veces otras personas también cuidan de nosotros.

Tenemos que obedecer a otras personas, como a los maestros, las niñeras y al conductor del autobús de la escuela.

¿A quién más obedeces?

Conoce nuestra fe católica

El Cuarto Mandamiento dice: honra a tu padre y a tu madre.

We Love Our Parents

The Fourth Commandment tells us to love our parents and **obey** them.

We obey when we do what we are told to do.

We show love when we obey with a smile.

When we love and obey, we help make our home a happy place.

Sometimes other people take care of us, too.

We must also obey people like teachers, babysitters, and school bus drivers.

Who else do you obey?

▶ **Know Our Catholic Belief**
The Fourth Commandment says, Honor your father and your mother.

Honrando a los demás

Resuelve el crucigrama.

Usa las palabras
del recuadro.

padres	obedecer
maestro	feliz

Horizontal

3. El Cuarto Mandamiento nos pide que honremos a nuestros _____ .

4. Hacer lo que nos piden que hagamos.

Vertical

1. Persona encargada de nosotros en la escuela.

2. Podemos ayudar a que nuestro hogar sea un lugar _____ .

Honoring Others

Solve the puzzle.

Use the words in the box.

parents   obey

teacher   happy

Across

3. A person who is in charge of us at school

4. Doing what we are told to do

Down

1. Our mothers and fathers

2. We can help to make our home a _____ place.

51

La vida y la verdad

Los Diez Mandamientos nos enseñan a cómo vivir de la manera en que Dios quiere que vivamos.

Dios es nuestro Padre y todos somos sus hijos e hijas.

Dios quiere que ayudemos a los demás a vivir y ser felices.

Los mandamientos de Dios nos piden que no hagamos daño a nadie.

Los mandamientos de Dios nos piden que no tomemos las cosas que no nos pertenecen.

Los mandamientos de Dios nos piden que siempre digamos la verdad.

Conoce nuestra tradición católica

Dios dio los Diez Mandamientos a su pueblo, dándoselos a través de un gran héroe llamado Moisés.

Life and Truth

Many of the Ten Commandments tell us how to live together the way God wants us to live.

God is our Father and we are all his children.

God wants us to help others live and be happy.

God's commandments tell us not to hurt anyone.

God's commandments tell us not to take things that do not belong to us.

God's commandments tell us to always tell the truth.

Know Our Catholic Tradition

God sent the Ten Commandments to his people by giving these commandments to a great hero named Moses.

Cómo quiere Dios que vivamos

Encuentras las palabras del recuadro en la sopa de letras.

vida	tomar	feliz	bien	siempre

S	Z	K	F	W	Y	Q
I	D	H	I	B	S	O
E	B	I	E	N	P	C
M	T	O	M	A	R	V
P	T	Z	S	S	O	I
R	F	E	L	I	Z	D
E	S	B	W	T	H	A

How God Wants Us to Live

Use the clues in the box to help you find the hidden words.

life	right	take	always	happy

T A K E N Y D

R I G H T G U

A L W A Y S Z

D I L P J N X

T F M P U P C

C E M Y X G V

T Y P Q V N J

53

Repaso

Completa cada frase con la palabra o palabras del recuadro.

> **los demás**   **cómo ser bueno**   **Mandamientos**
> **el Día del Señor**   **verdad**   **corazón**

1. Mi familia me enseña a _____ .

2. Hay dos _____ Principales.

3. Ama a Dios con todo tu _____ , toda tu alma, toda tu mente y todo tu ser.

4. Ama a _____ como te amas a ti mismo.

5. Al domingo también lo llamamos _____ .

6. Los Mandamientos de Dios nos piden que siempre digamos la _____ .

Review

Complete each sentence with a word or words from the box.

other people	Lord's Day	how to be good
truth	Commandments	heart

1. My family teaches me _____ .

   _____

   _____

2. There are two Great _____ .

   _____

   _____

3. Love God with all your _____ , soul, mind, and strength.

   _____

   _____

4. Love _____ as you love yourself.

   _____

   _____

5. We call Sunday the _____ .

   _____

   _____

6. God's commandments tell us to always tell the _____ .

   _____

   _____

Los católicos oramos

¿Cómo hablamos los católicos con Dios?

¿Cómo oramos?

¿Cuáles son algunas de nuestras oraciones?

¿Cómo nos enseñó Jesús a orar?

Aprenderemos acerca de cómo orar a Dios.

Aprenderemos acerca de cómo orar a la Virgen María.

Aprenderemos cómo Jesús nos enseñó a orar.

We Catholics Pray

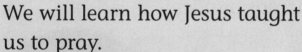

How do we Catholics talk to God?
How do we pray?
What are some prayers we say?
How did Jesus teach us to pray?

We will learn about praying to God.
We will learn about praying to Mary.
We will learn how Jesus taught
us to pray.

La oración es conversar con Dios

Dios nos ama.

Podemos conversar con nuestro Dios, quien nos ama.

Le decimos a Dios lo mucho que lo amamos.

Le pedimos a Dios que nos ayude.

Le pedimos a Dios que nos dé lo que necesitamos.

Le damos gracias a Dios por todo lo que nos ha dado.

Le decimos a Dios que nos arrepentimos cuando hemos hecho algo malo.

Decimos todas estas cosas a Dios cuando **oramos.**

Conoce nuestra tradición católica

Oramos: "Gloria al Padre, y al Hijo, y al Espíritu Santo. . ."

56

Prayer Is Talking to God

God loves us.

We can talk to our loving God.

We tell God how much we love him.

We ask God to help us.

We ask God to give us what we need.

We thank God for all he has given us.

We tell God we are sorry when we have done something wrong.

We say all these things to God when we **pray.**

Our Catholic Tradition

We pray, "Glory to the Father, and to the Son, and to the Holy Spirit . . ."

56

Lo que le digo a Dios

Usa cada uno de los recuadros para hacer dibujos que muestren cómo oras a Dios.

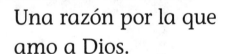

Una razón por la que amo a Dios.

Algo en lo que necesito la ayuda de Dios.

Le pido a Dios por esto.

Le doy gracias a Dios por esto.

The Things I Talk about to God

Use each box to draw a picture of a way we pray to God.

One reason I love God

One way I need God's help

I ask God for this.

I thank God for this.

La oración que Jesús nos enseñó

A Jesús le gustaba orar a Dios, su Padre.

Sus amigos lo veían orar todos los días.

Un día le dijeron: "Jesús, ¡enséñanos también a nosotros a cómo orar!".

Jesús dijo a sus amigos que tenían que orar a Dios, nuestro Padre.

Les dijo que alabaran a Dios, que pidieran a Dios que los perdonara y que le pidieran a Dios todo lo que necesitaran.

Jesús también quiere que nosotros oremos a Dios, nuestro Padre.

Conoce nuestra tradición católica

Esto es lo que Jesús nos dijo acerca de cómo Dios Padre responde a nuestras oraciones:

"... Porque quien pide recibe, quien busca encuentra, a quien llama se le abre".

Lucas 11:10

Prayer as Jesus Taught Us

Jesus liked to pray to God his Father.

His friends saw him praying each day.

One day they said, "Jesus, teach us to pray, too!"

Jesus told his friends they should pray to God our Father.

He told them to praise God, to ask God to forgive them, and to ask God for everything they need.

Jesus wants us to pray to God our Father, too.

Know Our Catholic Tradition

Here is what Jesus told us about how God the Father answers prayers:

> ". . . everyone who asks receives, and everyone who searches finds, and for everyone who knocks, the door will be opened."

Luke 11:10

Recordando el Padrenuestro

Traza una línea conectando todos los puntos del dibujo. Después, coloréalo.

Traza las palabras que Jesús está enseñando a decir a sus amigos.

Padre nuestro, que estás en el cielo.

Remembering the Lord's Prayer

Connect the dots and color the picture.

Trace the words Jesus is teaching his friends to say.

Our Father, who

art in heaven.

La oración a María

También podemos orar y pedir ayuda a la madre de Jesús, la Virgen María.

La Virgen María no es Dios.

La Virgen María es la madre de Jesús, el Hijo de Dios.

Jesús, antes de morir, nos dio a María para que también fuera nuestra madre.

La Virgen María vive en el cielo.

Ella nos cuida y nos ama.

Honramos a la Virgen María y le pedimos que ore por nosotros.

Ella puede hablar con Dios cuando necesitamos su ayuda.

Conoce la tradición católica

Recita estas oraciones a la Virgen María:
   Madre de Dios, ruega por nosotros.
   Madre de la Iglesia, ruega por nosotros.
   Reina del cielo, ruega por nosotros.
   Reina de la paz, ruega por nosotros.

Prayer to Mary

We can pray and ask Jesus' mother, Mary, for help, too.

Mary is not God.

She is the mother of Jesus, the Son of God.

Before he died, Jesus gave us Mary to be our mother, too.

Mary lives in heaven.

She watches over us and loves us.

We honor Mary and ask her to pray for us.

She can speak to God for us when we need her help.

Know Our Catholic Tradition

Pray these prayers to Mary:
Mother of God, pray for us.
Mother of the Church, pray for us.
Queen of Heaven, pray for us.
Queen of Peace, pray for us.

Recordando el Avemaría

¿Sabes cómo recitar la oración del Avemaría?

Lee las palabras del recuadro.

Escribe en las líneas las palabras que faltan.

mujeres	fruto
Jesús	Señor
gracia	

Dios te salve, María, llena eres de _____ ;

el _____ es contigo.

Bendita tú eres entre todas las _____ ,

y bendito es el _____

de tu vientre, _____ .

Remembering the Hail Mary

Do you know the words to the Hail Mary prayer?

Read the words in the box.

Fill in the missing words.

women	**fruit**
Jesus	**Lord**
grace	

Hail Mary, full of _____,

the _____ is with you.

Blessed are you among _____,

and blessed is the _____

of your womb, _____.

Repaso

Complea cada frase con una de las palabras del recuadro.

Padre	**oramos**	**honramos**
necesitemos	**cielo**	**madre**

1. Cuando _____ conversamos con Dios.

2. Jesús hablaba con Dios, su _____ .

3. Jesús nos dijo que pidamos a Dios todo lo que _____ .

4. Jesús nos dio a la Virgen María para que sea nuestra _____ .

5. La Virgen María vive en el _____ .

6. Los católicos _____ y oramos a la Virgen María.

Review

Complete each sentence with a word from the box.

Father	**need**	**pray**
heaven	**honor**	**mother**

1. When we _____, we talk to God.

2. Jesus talked to God, his _____ .

3. Jesus told us to ask God for everything we _____ .

4. Jesus gave us Mary to be our _____ .

5. Mary lives in _____ .

6. We _____ Mary and pray to her.

Glosario

Adviento Las cuatro semanas antes de Navidad. Durante este tiempo nos preparamos para celebrar el nacimiento de Jesús. [Advent]

agua bendita Agua que ha sido bendecida y que se usa en las iglesias para recordarnos nuestro Bautismo. [holy water]

ángel de la guarda ángel que cuida permanentemente de una persona. [guardian angel]

ángeles Los espíritus creados por Dios para vivir en el cielo y ser mensajeros y guardianes. [angels]

Bautismo el primer sacramento mediante el cual pasamos a ser miembros de la Iglesia; el Bautismo nos libera del pecado original y nos da una vida nueva en Jesucristo. [Baptism]

cáliz La copa especial que contiene el vino que se convierte en la Sangre de Cristo. [chalice]

Creador Dios, quien creó el cielo y la tierra. [Creator]

Cuaresma Periodo especial de 40 días que nos recuerda que Jesús murió en la cruz por nosotros. [Lent]

Glossary

Advent The four weeks before Christmas. We use this special season to get ready for the birth of Jesus. [Adviento]

angels Spirits made by God to live in heaven and to be messengers and guardians. [ángeles]

Baptism The first sacrament by which we become members of the Church; It frees us from original sin and gives us new life in Jesus Christ. [Bautismo]

chalice The special cup that holds the wine that becomes the Blood of Christ. [cáliz]

Christmas The holy day that celebrates the birthday of Jesus. [Navidad]

Creator The maker. God is the creator of heaven and earth. [Creador]

Easter The day we celebrate Jesus' resurrection, the day he rose from the dead. [Pascua]

Eucharist The Body and Blood of Christ, whom we recieve at Mass. [Eucaristía]

genuflect To drop to one knee to adore Jesus. [genuflexión]

God the Father The First Person in the Holy Trinity. God the Father created the earth and all things. [Dios Padre]

Diez Mandamientos Dios nos dio estas leyes o reglas para que demostremos cómo amamos a Dios y a las demás personas. [Ten Commandments]

Dios Padre La primera persona de la Santísima Trinidad. Dios Padre creó la tierra y todas las cosas. [God the Father]

domingo El Día del Señor. El domingo es especial porque Jesús resucitó de entre los muertos un domingo. [Sunday]

Espíritu Santo La tercera persona de la Santísima Trinidad. El Espíritu Santo es Dios. [Holy Spirit]

Eucaristía El Cuerpo y la Sangre de Cristo que recibimos en la misa. [Eucharist]

genuflexión Doblar la rodilla hasta el suelo para adorar a Jesús. [genuflect]

gracia La vida de Dios en nosotros. La gracia es un don de Dios. Al participar en los sacramentos crecemos en la gracia de Dios. [grace]

Hijo de Dios La segunda persona de la Santísima Trinidad. Jesús es el Hijo de Dios. [Son of God]

Jesucristo El Hijo de Dios. La segunda persona de la Santísima Trinidad. Jesús es Dios verdadero y hombre verdadero. Murió y resucitó. [Jesus Christ]

grace God's life in us. Grace is a gift from God. We grow in grace by participating in the sacraments. [gracia]

guardian angel An angel who watches over a person. [ángel de la guarda]

Holy Family Jesus, Mary, and Joseph. [Sagrada Familia]

Holy Spirit The Third Person in the Holy Trinity. The Holy Spirit is God. [Espíritu Santo]

Holy Trinity The name of the three persons in one God—the Father, the Son, and the Holy Spirit. [Santísima Trinidad]

holy water Blessed water that is used in church to remind us of our Baptism. [agua bendita]

Jesus Christ The Son of God. The Second Person in the Holy Trinity. Jesus is both God and man. He died and rose again. [Jesucristo]

Lent The special season we use to remember how Jesus died on the cross. [Cuaresma]

Mary The mother of Jesus. [María]

Mass Our celebration of the special meal when bread and wine become the Body and Blood of Jesus Christ. [misa]

María La madre de Jesús. [Mary]

misa Nuestra celebración de la comida especial durante la cual el pan y el vino son consagrados y se convierten en el Cuerpo y la Sangre de Cristo. [Mass]

Navidad El día santo en que se celebra el nacimiento de Jesús. [Christmas]

obedecer Escuchar y hacer lo que se nos pide que hagamos. [obey]

orar Hablar con Dios y escucharle. Conversar con Dios. [pray]

Pascua El día en que celebramos la Resurrección de Jesús de entre los muertos. [Easter]

sacerdote El hombre que celebra la misa; nos ayuda a orar y nos enseña en la iglesia. [priest]

sacramentos Las siete celebraciones especiales que nos dan la gracia de Dios. [sacraments]

Sagrada Familia Jesús, María y José. [Holy Family]

sagrario El armarito especial en la iglesia donde se guarda el Cuerpo de Cristo, el pan consagrado. También se le llama *tabernáculo*. [tabernacle]

Santísima Trinidad El nombre de las tres personas en un solo Dios: Padre, Hijo y Espíritu Santo. [Holy Trinity]

obey To listen and do what we are told to do. [obedecer]

pray Talking and listening to God. [orar]

priest The man who celebrates Mass, helps us pray, and teaches us at church. [sacerdote]

sacraments These are the seven special celebrations that give us grace. [sacramentos]

Son of God The Second Person in the Holy Trinity. Jesus is the Son of God. [Hijo de Dios]

Sunday, the Lord's Day. Sunday is special because Jesus rose from the dead on a Sunday. [domingo]

tabernacle The special cabinet that holds the consecrated bread of the Eucharist, the Body of Christ. [sagrario]

Ten Commandments God gave us these laws, or rules, that show us how to love God and other people. [Diez Mandamientos]

Santos

Un santo es una persona que amó a Dios de una manera especial. Conoce algunos de los santos:

San José

Se celebra el 19 de marzo

- San José es el padre adoptivo de Jesús.

- Era carpintero.

- Era un hombre valeroso y humilde.

- Protegió a la Virgen María y a Jesús.

- Cuidó de los dos.

¿Quién te cuida y protege?

Santa María, Madre de Dios

Se celebra el 1 de enero

- María es la Madre de Dios.

- Amó mucho a Dios.

- Cuidó de Jesús.

- Estaba a su lado cuando murió.

- Tenemos muchas maneras diferentes de referirnos a María.

- Tenemos muchas celebraciones en honor a María.

- La llamamos la Santísima Virgen María, Nuestra Señora y Santísima Madre.

¿Recitas el Avemaría en honor de nuestra Santísima Madre?

Saints

A saint is a person who loved God in a special way. Get to know these saints.

Saint Joseph

Feast day—March 19

- Saint Joseph is the foster father of Jesus.

- He was a carpenter.

- He was very brave and gentle.

- He protected Mary and Jesus.

- He took good care of them both.

Who takes care of you and protects you?

Mary, Mother of God

Feast day—January 1

- Mary is Jesus' mother.

- She loved God very much.

- She took very good care of Jesus.

- She was at his side when he died.

- We have many names for Mary.

- We celebrate many feast days in her honor.

- We call her the Blessed Virgin.

- We also call her Our Lady and Blessed Mother.

Will you pray the Hail Mary in honor of our Blessed Mother?

San Joaquín y Santa Ana

Se celebra el 26 de julio

- Honramos a estas dos personas por ser los padres de María, la madre de Jesús.

- Esto significa que son los abuelitos de Jesús.

- Amaron mucho a su hija, la Virgen María.

- También amaron a su nieto, Jesús.

¿Quienes son las personas que te aman?

San Isidro Labrador

Se celebra el 15 de mayo

- San Isidro era padre de familia.

- También era un agricultor.

- Tenía un hijo que murió cuando era muy joven.

- Él y su mujer labraban la tierra.

- También criaban animales.

- Compartían con los pobres lo que cultivaban.

¿Qué tienes que puedes compartir con los pobres?

Saint Joachim and Saint Ann

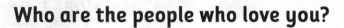

Feast day—July 26

- These two people are honored as the parents of Jesus' mother, Mary.

- This means they are Jesus' grandfather and grandmother.

- They loved their daughter, Mary, very much.

- They also loved their grandson, Jesus.

Who are the people who love you?

Saint Isidore the Farmer

Feast day—May 15

- Saint Isidore was a dad.

- He was also a farmer.

- He had one son who died very young.

- He and his wife grew food.

- They also raised animals.

- They shared what they grew with the poor.

What do you have that you can share with the poor?

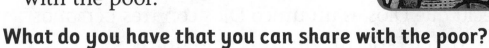

San Martin de Porres

Se celebra el 3 de noviembre

- Nació en Lima, Perú.

- Se hizo fraile cuando era muy joven.

- Trabajó como barbero, en una granja y cuidando a los enfermos.

- Lo llamaban "Fray Escoba" porque ayudaba en las tareas de la casa.

- Le gustaban los animales y tenía un hospital para perros y gatos.

¿Cómo cuidas del planeta, de los animales y de las plantas?

San Patricio

Se celebra el 17 de marzo

- San Patricio amaba a Dios y a la gente.

- Quería enseñar a la gente acerca del único Dios.

- Enseñó a la gente acerca del Padre, del Hijo y del Espíritu Santo.

- Mostraba a la gente un trébol y les decía que Dios es un único Dios con tres personas —Padre, Hijo y Espíritu Santo— como un trébol.

¿Puedes hacer la señal de la cruz para honrar a Dios Padre, Dios Hijo y Dios Espíritu Santo?

Saint Martin of Porres

Feast day—November 3

- He was born in Lima, Peru.

- Martin became a friar as a teenager.

- He worked as a barber, farmer, and took care of the sick.

- They called him "Friar Broom" because he helped with the chores at the monastery.

- He liked animals and had a hospital for dogs and cats.

How do you take care of the planet, its animals and plants?

Saint Patrick

Feast day—March 17

- Saint Patrick loved God and people.

- He wanted to teach about the one true God.

- He taught people about the Father, Son, and Holy Spirit.

- He showed people a shamrock and said God is one in three persons— Father, Son, and Holy Spirit—like the shamrock.

Can you make the Sign of the Cross to honor God the Father, Son, and Holy Spirit?

Santa Isabel Ana Seton

Se celebra el 4 de enero

- Santa Isabel Ana Seton era madre de familia.

- Tenía cinco hijos: tres niñas y dos niños.

- Su marido murió cuando era muy joven.

- Tuvo que criar a sus hijos ella sola.

- Amaba a todos los niños.

- Enseñó a muchas personas a amar a Dios.

¿Quién te enseña a amar a Dios?

Los niños mártires de Tlaxcala

Se celebra el 22 de septiembre

- Cristóbal, Juan y Antonio eran tres amigos.

- Eran nativos de México.

- Escucharon hablar de Jesús y quisieron seguirlo.

- Decidieron ser bautizados.

- Los tres amigos murieron porque eran cristianos.

- Son los primeros mártires de las Américas.

¿Cómo demuestras a los demás que eres seguidor de Jesús?

Saint Elizabeth Ann Seton

Feast day—January 4

- Saint Elizabeth Ann Seton was a mom.

- She had five children—three girls and two boys.

- Her husband died very young.

- She had to raise her children by herself.

- She loved all children.

- She taught many people to love God.

Who teaches you to love God?

The Child Martyrs of Tlaxcala

Feast day—September 22

- Cristóbal, Juan, and Antonio were three friends.

- They were natives of Mexico.

- When they heard about Jesus they wanted to follow him.

- They decided to be baptized.

- The three friends died because they were Christian.

- They are the first martyrs of the Americas.

How do you show others that you are a follower of Jesus?

San Juan Diego Cuauhtlatoatzin

Se celebra el 9 de diciembre

- Juan Diego era un nativo nahuatl.

- Vivía en México con su esposa.

- Era catequista en su parroquia.

- La Virgen de Guadalupe se le apareció varias veces.

- Juan Diego nunca dejó de hablar de Dios a los demás.

¿Cómo compartes tu fe con otras personas?

San Nicolás

Se celebra el 6 de diciembre

- San Nicolás era un obispo.

- Vivió hace muchos años.

- Ayudaba a los pobres.

- A menudo ayudaba a los demás en secreto.

- Quería mucho a los niños y a los jóvenes.

¿Celebra tu familia el día de San Nicolás?

Saint Juan Diego Cuauhtlatoatzin

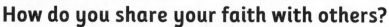

Feast day—December 9

- Juan Diego was a native Nahuatl.

- He lived in Mexico with his wife.

- He was a catechist at his parish church.

- The Virgin of Guadalupe appeared to him.

- He never stopped telling others about God.

How do you share your faith with others?

Saint Nicholas

Feast day—December 6

- Saint Nicholas was a bishop.

- He lived a very long time ago.

- He was kind to poor people.

- He would often help others in secret.

- He had a very special love for children and young people.

Does your family celebrate the feast of Saint Nicholas?

Lugares sagrados

Los lugares sagrados son aquellos lugares que visitas o en los que piensas para poder conocer mejor a Jesús.

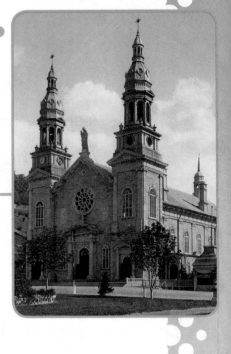

La iglesia de tu parroquia

La iglesia de tu parroquia es un lugar sagrado.

A menudo tiene el nombre de un santo.

A lo mejor lleva el nombre de Jesús o de la Virgen María.

La gente celebra allí la misa y son bautizados.

La gente va allí cuando están felices y cuando están tristes.

En la iglesia de tu parroquia te encuentras con Jesús.

¿Cómo se llama la iglesia de tu parroquia?

La Tierra

Dios lo ha creado todo.

Dios dijo que era bueno.

Dios puso el mundo a disposición de los seres humanos.

Nos dijo que teníamos que cuidarlo.

Para Dios todas las cosas y todas las criaturas son un tesoro.

¿Qué puedes hacer para cuidar el mundo que ha creado Dios?

Sacred Sites

Sacred sites are places you may visit, or think about, to help you get to know Jesus better.

Your Parish Church

Your parish church is a holy place.

It is often named after a saint.

It may also be named in honor of Jesus or the Blessed Mother.

People celebrate Mass and are baptized here.

People come when they are happy and when they are sad.

You meet Jesus here.

What is the name of your parish church?

The Earth

God made everything.

God said it was good.

God gave the world to people.

He said that we should take care of it.

Every thing and every creature is precious to God.

What can you do to take care of God's world?

Nuestro hogar

Nuestro hogar es sagrado.

Es un lugar donde podemos encontrar a Dios.

En nuestro hogar la familia crece amándose unos a otros.

Nuestro hogar debe ser un lugar de oración.

Nuestro hogar debe ser un lugar de perdón.

Nuestro hogar debe ser un lugar de amor.

¿Quién vive en tu hogar?

Belén

Belén es la ciudad donde nació Jesús.

María y José estaban de viaje.

La ciudad estaba llena de gente.

No había ninguna habitación disponible.

El dueño de un hotel los ayudó.

Les ofreció un lugar donde descansar.

Era un establo con animales.

Los ángeles, pastores y los Reyes Magos fueron a ver a Jesús en ese establo.

¿Qué sabes de Jesús y del día en que nació?

Our Homes

Our homes are sacred.

They are places where we can find God.

Families grow to love each other here.

Our homes are to be places of prayer.

Our homes are to be places of forgiveness.

Our homes are to be places of love.

Who are the people that live in your home?

Bethlehem

Bethlehem is the city where Jesus was born.

His mom and dad were travelers.

The city was very crowded.

There was no room for them.

An innkeeper felt sorry for them.

He finally gave them a spot.

It was out in a stable with the animals.

The angels, shepherds, and wise men came to see Jesus in that stable.

What do you know about Jesus and his birthday?

72

Nazaret

Jesús se crió en la ciudad de Nazaret.

Jesús era un niño como tú.

Quería mucho a María, su madre, y a San José.

Los ayudaba con las tareas de la casa.

Aprendió a leer, orar y estudiar las Sagradas Escrituras.

Tenía amigos y le gustaba jugar.

Para celebraciones especiales, Jesús viajaba con María y José a Jerusalén para visitar el Templo.

¿Qué más crees que hacía Jesús cuando era niño?

Jerusalén

Jerusalén era una ciudad muy grande.

Siempre estaba llena de gente.

La gente iba allí en ocasiones especiales.

Iban a Jerusalén a visitar el Templo.

El Templo era un lugar sagrado para los judíos.

Jesús lo visitó cuando tenía doce años.

Jesús también lo visitó cuando era adulto.

Esta es la ciudad donde murió Jesús.

¿A dónde vas para celebrar algo importante?

Nazareth

Jesus grew up in a town called Nazareth.

He was a little child just like you.

He loved his mom and dad.

He helped with chores.

He learned to read, pray, and study the Scriptures.

He had friends and liked to play.

At special times, he traveled with his parents to the Temple in Jerusalem.

What else do you think Jesus did as a young boy?

Jerusalem

Jerusalem was a big city.

It was always busy and crowded.

People went there for special celebrations.

They went there to visit the Temple.

This was a sacred place for Jewish people.

Jesus visited there when he was twelve.

Jesus also went there when he was older.

This is also the city where Jesus died on the cross.

Where do you go for special celebrations?

73

Oraciones y prácticas

**Las oraciones nos ayudan a conversar con Dios.
Las prácticas religiosas nos ayudan a
acercarnos más a Dios.**

Señal de la cruz

En el nombre del Padre,
(tócate la frente con la mano derecha)

y del Hijo,
(tócate el centro del pecho con tu mano derecha)

y del Espíritu Santo.
(tócate primero el hombro izquierdo con la mano
derecha y luego tócate el hombre derecho)

Amén.
(junta las manos en posición de oración)

Avemaría

Dios te salve, María,

llena eres de gracia;

el Señor es contigo.

Bendita tú eres entre todas las mujeres,

y bendito es el fruto de tu vientre, Jesús.

Santa María, Madre de Dios,

ruega por nosotros, pecadores,

ahora y en la hora de nuestra muerte. Amén.

Prayers & Practices

**Prayers help us talk with God.
Sacred actions bring us closer to God.**

Sign of the Cross

In the name of the Father,
(touch your right hand on
your forehead)

and of the Son,
(now touch your right hand to the center of your chest)

and of the Holy Spirit.
(now touch your right hand to your left shoulder and
then to your right shoulder)

Amen.
(now fold your hands)

Hail Mary

Hail Mary, full of grace,

the Lord is with you.

Blessed are you among women,

and blessed is the fruit of
your womb, Jesus.

Holy Mary, Mother of God,

pray for us sinners,

now and at the hour of our death. Amen.

Doxología (Gloria al Padre)

Gloria al Padre

y al Hijo

y al Espíritu Santo.

Como era en el principio,

ahora y siempre,

por los siglos de los siglos. Amén.

Padrenuestro

Padre nuestro que estás en el cielo,

santificado sea tu nombre;

venga a nosotros tu Reino;

hágase tu voluntad

en la tierra como en el cielo.

Danos hoy

nuestro pan de cada día;

perdona nuestras ofensas,

como también nosotros perdonamos

a los que nos ofenden;

no nos dejes caer en la tentación,

y líbranos del mal. Amén.

Doxology

Glory to the Father,

and to the Son,

and to the Holy Spirit:

as it was in the beginning,

is now,

and will be forever. Amen.

Our Father

Our Father, who art in heaven,

hallowed be thy name;

thy kingdom come,

thy will be done

on earth as it is in heaven.

Give us this day our daily bread,

and forgive us our trespasses,

as we forgive those who trespass
    against us;

and lead us not into temptation,

but deliver us from evil. Amen.

Hacer la señal de la cruz con agua bendita

El agua bendita es agua bendecida.

Tiene la apariencia y el olor de agua normal, pero es diferente.

Hacemos la señal de la cruz con agua bendita para acordarnos de nuestro Bautismo.

Nos acerca más a Dios.

¿Dónde encuentras agua bendita para hacer esta señal de la cruz especial?

Juntar las manos y guardar silencio

Dios creó nuestro cuerpo.

Nuestro cuerpo es maravilloso.

Nos permite hacer muchas cosas.

Correr y saltar puede ser divertido.

Pero a veces necesitamos sentarnos o acostarnos para descansar.

Juntar las manos nos ayuda a calmarnos interiormente.

Nos ayuda a acordarnos que Dios está en nosotros.

Nos ayuda a escuchar a Dios.

¿Puedes juntas las manos como el niño de la foto?

Making the Sign of the Cross with holy water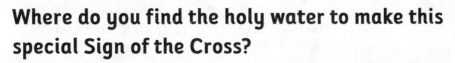

Holy water is water that has been blessed.

It looks and smells just like plain water, but it is different.

We sign ourselves with holy water to remind us of our Baptism.

It brings us closer to God.

Where do you find the holy water to make this special Sign of the Cross?

Folding our hands and sometimes staying very quiet

God made our bodies.

They are wonderful.

They help us do many things.

Running and jumping can be fun.

But we need to sit or lie down to rest.

Folding our hands helps to quiet us—inside.

It helps remind us God is with us.

It helps us to listen to God.

Can you fold your hands like the boy in the picture?

Ir a misa cada domingo y otros días de fiesta

La misa es una celebración muy especial.

Celebramos que Jesús resucitó de entre los muertos.

Cada domingo nos recuerda el domingo de Pascua de Resurrección.

Queremos pasar algo de tiempo con Jesús.

Tenemos que pasar algo de tiempo con nuestra comunidad.

Vamos a misa para orar por nuestra familia, por nosotros mismos y por los demás.

En la misa demostramos que amamos a Dios y a los demás.

¿Qué es lo que más te gusta de la misa?

Leer la Biblia

La Biblia es un libro muy especial.

Nos cuenta cosas acerca de Dios.

Nos cuenta cosas acerca de las personas que amaron a Dios.

Nos cuenta cosas acerca de Jesús.

La leemos para conocer mejor a Dios.

La leemos para conocer mejor a Jesús.

¿Tienes una Biblia en tu casa? ¿Dónde está?

Going to Mass each week and on special holy days

Mass is a very special celebration.

We celebrate that Jesus rose from the dead.

Each Sunday reminds us of Easter Sunday.

We want to spend time with Jesus.

We need to spend time with our neighbors.

We go to Mass to pray for our family, ourselves and others.

At Mass we show that we love God and our neighbors.

What do you like best about Mass?

Reading the Bible

The Bible is a very special book.

It tells us about God.

It tells us about people who loved God.

It tells us about Jesus.

We read it to get to know God better.

We read it to get to know Jesus better.

Is there a Bible in your house? Where?

Colocar un nacimiento para Navidad

Un nacimiento o belén es un grupo de figuritas que nos recuerdan la historia del nacimiento de Jesús.

Tendrá figuras que representen a San José, la Virgen María y Jesús.

A veces también tiene ángeles y pastores.

A veces también tiene a los tres Reyes Magos.

¿Colocas en tu casa un nacimiento para celebrar la Navidad?

Obedecer los Diez Mandamientos

Estas son las reglas que Dios dio a Moisés para que las personas estén cerca de Dios. Las obedecemos porque amamos a Dios.

1. Yo soy el Señor, tu Dios: Amarás a Dios sobre todas las cosas.
2. No tomarás el nombre de Dios en vano.
3. Santificarás las fiestas.
4. Honrarás a tu padre y a tu madre.
5. No matarás.
6. No cometerás actos impuros.
7. No robarás.
8. No dirás falso testimonio ni mentiras.
9. No consentirás pensamientos ni deseos impuros.
10. No codiciarás los bienes ajenos.

¿Hay reglas en tu casa que tienes que obedecer?

Setting up a manger scene

A manger scene is a picture or a group of statues that reminds us of the story of Jesus' birth.

It will have Saint Joseph, the Blessed Mother, and Jesus.

Sometimes it will have angels and shepherds.

Sometimes it will have the three kings.

Do you have a manger scene in your house at Christmas time?

Obeying the Ten Commandments

These are the rules God gave Moses to help the people be close to God. We obey them because we love God.

1. I am the Lord your God: You shall not have strange gods before me.
2. You shall not take the name of the Lord your God in vain.
3. Remember to keep holy the Lord's Day.
4. Honor your father and your mother.
5. You shall not kill.
6. You shall not commit adultery.
7. You shall not steal.
8. You shall not bear false witness against your neighbor.
9. You shall not covet your neighbor's spouse.
10. You shall not covet anything that belongs to your neighbor.

Do you have rules you obey in your home?

78

Créditos artísticos/Art credits

Donde hay más de una ilustración en una página, el reconocimiento se hace según la siguiente secuencia: de izquierda a derecha y de arriba abajo. La posición de la ilustración en la página se ha abreviado, siguiendo el inglés, de la siguiente manera: **(t)** arriba, **(c)** centro, **(b)** abajo, **(l)** izquierda y **(r)** derecha.

Las fotos e ilustraciones que no se reconocen aquí son propiedad de Loyola Press o proceden de fuentes libres de regalías tales como, pero sin estar limitadas a, Alamy, Art Resource, Big Stock, Bridgeman, Corbis/Veer, Dreamstime, Fotosearch, Getty Images, Northwind Images, Photoedit, Smithsonian y Wikipedia. Loyola Press ha realizado todos los esfuerzos posibles por localizar a los propietarios de los derechos de autor de las obras utilizadas en esta publicación a fin de hacer un reconocimiento pleno de la autoría de su trabajo. En caso de alguna omisión, Loyola Press se complacerá en reconocerlos en futuras ediciones.

When there is more than one picture on a page, credits are supplied in sequence, left to right, top to bottom. Page positions are abbreviated as follows: **(t)** top, **(c)** center, **(b)** bottom, **(l)** left, **(r)** right.

Photos and illustrations not acknowledged are either owned by Loyola Press or from royalty-free sources including but not limited to Alamy, Art Resource, Big Stock, Bridgeman, Corbis/Veer, Dreamstime, Fotosearch, Getty Images, Northwind Images, Photoedit, Smithsonian, Wikipedia. Loyola Press has made every effort to locate the copyright holders for the cited works used in this publication and to make full acknowledgment for their use. In the case of any omissions, the Publisher will be pleased to make suitable acknowledgments in future editions.

Sección Uno/Section One
1(tl) Jupiter Images
3(l) iStockphoto.com/colbalt
3 Jupiter Images
8(lt) iStockphoto.com/Renphoto
8(bl) The Crosiers/Gene Plaisted OSC
9(tl) iStockphoto.com/ginosphotos
9(bl) Phil Martin Photography
9(bl) Phil Martin Photography
9(bl) Phil Martin Photography
9(br) Phil Martin Photography
9(br) Phil Martin Photography
12(l) The Crosiers/Gene Plaisted OSC
12(r) The Crosiers/Gene Plaisted OSC
23 Yoshi Miyaki
14 iStockphoto.com/iburns
18 iStockphoto.com/Carmen Martínez Banús
20(l) iStockphoto.com/Tim-e
20(r) The Crosiers/Gene Plaisted OSC
22(l) The Crosiers/Gene Plaisted OSC
24(l) The Crosiers/Gene Plaisted OSC
24(r) The Crosiers/Gene Plaisted OSC

Sección Dos/Section Two
27(l) Photolibrary
27(tr) Photolibrary
38(l) Jupiter Images
38 Jupiter Images
32(l) Jupiter Images
31 Jupiter Images
34(l) The Crosiers/Gene Plaisted OSC
34 Jupiter Images
34(r) The Crosiers/Gene Plaisted OSC
36 Jupiter Images
36(r) iStockphoto.com/9inchnail
40(l) The Crosiers/Gene Plaisted OSC
40(r) The Crosiers/Gene Plaisted OSC
41 Jupiter Images
38 Jupiter Images

Sección Tres/Section Three
43(l) Jupiter Images
45(l) Jupiter Images
48(r) Elie Bernager/Getty Images
92 iStockphoto.com/mict
45(r) Jupiter Images
51(l) Jupiter Images
51(r) iStockphoto.com/digitalskillet
55(l) iStockphoto.com/aldomurillo

Sección Cuatro/Section Four
55(c) Jupiter Images
55(r) The Crosiers/Gene Plaisted OSC
58(l) The Crosiers/Gene Plaisted OSC
60(l) The Crosiers/Gene Plaisted OSC
61(bl) The Crosiers/Gene Plaisted OSC
61(bl) The Crosiers/Gene Plaisted OSC
61(br) The Crosiers/Gene Plaisted OSC
61(br) The Crosiers/Gene Plaisted OSC

Glosario/Glossary
64(l) The Crosiers/Gene Plaisted OSC
64(r) The Crosiers/Gene Plaisted OSC
65(r) iStockphoto.com/9inchnail

Santos/Saints
66(b) The Crosiers/Gene Plaisted OSC
66(t) The Crosiers/Gene Plaisted OSC
67(t) The Crosiers/Gene Plaisted OSC
67(b) The Crosiers/Gene Plaisted OSC
68(b) The Crosiers/Gene Plaisted OSC
69(t) The Crosiers/Gene Plaisted OSC
70(t) The Crosiers/Gene Plaisted OSC
70(b) The Crosiers/Gene Plaisted OSC

Lugares sagrados/Sacred Sites
71(b) iStockphoto.com/matka_Wariatka
73(t) Jupiter Images

Oraciones y prácticas/Prayers & Practices
75(b) The Crosiers/Gene Plaisted OSC
75(t) The Crosiers/Gene Plaisted OSC
76(b) iStockphoto.com/aldomurillo
78(t) iStockphoto.com/donaldgruener
74(t) Phil Martin Photography